Leopold von Schroeder

## Buddhismus und Christentum

Was sie gemein haben und was sie unterscheidet

Leopold von Schroeder

**Buddhismus und Christentum**
*Was sie gemein haben und was sie unterscheidet*

ISBN/EAN: 9783743654464

Hergestellt in Europa, USA, Kanada, Australien, Japan

Cover: Foto ©Lupo / pixelio.de

Weitere Bücher finden Sie auf **www.hansebooks.com**

# Buddhismus und Christenthum,

## was sie gemein haben
## und was sie unterscheidet.

Zwei öffentliche Vorträge

von

**Dr. L. v. Schroeder.**

Reval, 1893.

Verlag von Franz Kluge.

Дозволено цензурою.  Ревель, 13-го Апрѣля 1893 г.

Печатано въ типографіи Наслѣдниковъ Линдфорса въ Ревелѣ.

## I.

Unter den großen Fragen, welche die moderne Menschheit erregen und bewegen, nimmt die religiöse Frage nicht die letzte Stelle ein, — jedenfalls eine bedeutendere, als dies im vorigen Jahrhundert der Fall war, wo Aufklärung und Rationalismus das Christenthum, unter Zurücklassung eines farblosen Niederschlages moralischer Lehren, in eine allgemeine Humanitätslehre zu verflüchtigen drohten. Heutzutage steht das Christenthum neu gekräftigt da, und während der kolossale Erfolg der Drummondschen Schriften von einem weitverbreiteten Interesse für die religiöse Frage im Allgemeinen Zeugniß ablegt, wagt sich der orthodoxe Protestantismus unter Stöcker und seinen Anhängern guten Muthes an die Lösung der größten und schwierigsten Frage der Neuzeit, der socialen, vom rein christlichen Standpunkt aus, — ein Versuch, dem eine große Zukunft nicht abzusprechen ist, insbesondere, wenn man in Betracht zieht, wie segensreich und erfolgreich schon jetzt die evangelische Geistlichkeit in England, geleitet von Kingsleyschen und Mauriceschen Ideen, an der Lösung dieser Frage gearbeitet hat.

Welch eine gewaltige Lebensmacht das Christenthum bildet, welche Lebenskraft ihm innewohnt, das lehrt uns gerade unsere Zeit. Sie zeigt uns, in welchem Irrthum jene Leute befangen waren, die da wähnten, mit Religion und Christenthum sei es

1*

nun bald für immer vorbei und an ihre Stelle trete die Ratio, die reine Vernunft. Mächtig sehen wir gerade jetzt oftmals das religiöse Bedürfniß, die Sehnsucht nach dem Christenthum hervorbrechen bei Personen und in Kreisen, in welchen diese Fragen schon lange abgethan und abgestorben schienen.

Aber freilich, unser Zeitalter ist noch immer zu einem guten Theile ein rationalistisches zu nennen. Ungeheuer groß ist noch immer die Zahl derer, welche allem Christenthum, aller Religion überhaupt völlig abgewandt bleiben. Innerhalb der christlichen Kirche selbst sehen wir wieder und wieder eine zum Rationalis= mus sich wendende Strömung eintreten; bald radical und daher schließlich völlig auflösend, bald in gemäßigter Form. Außerhalb des Christenthums aber, in der großen Menge derjenigen, welche mit Christenthum und Wunderglauben für immer abgeschlossen haben, träumen gar Viele von einer Zukunftsreligion, die ihre hervorragenden charakteristischen Züge gewöhnlich dem Buddhis= mus entliehen hat. Ja, eine Art moderner Buddhismus be= ginnt sich zu entwickeln, der bereits seine begeisterten Apostel hat, wie Th. Schultze und Karl Eugen Neumann[1], der mitten in der christlichen Welt buddhistische Gemeinden sich bilden läßt

---

[1] Man vgl. namentlich Th. Schultzes Einleitung zu dem Buch „Dhammapada. Eine Versammlung, welche zu den kanonischen Büchern der Buddhisten gehört. Aus der englischen Uebersetzung von F. Max Müller metrisch ins Deutsche übertragen, Leipzig 1885.“ Ferner: „Das Christenthum Christi und die Religion der Liebe“ und „Das rollende Rad des Lebens und der feste Ruhestand. Eine Fortsetzung des Votums über das Christenthum Christi und die Religion der Liebe in Sachen der Zukunftsreligion von Th. Schultze, Oberpräsidialrath a. D. Leipzig 1882.“ Ferner: „Die innere Ver= wandtschaft buddhistischer und christlicher Lehren. Zwei buddhi= stische Suttas und ein Tractat Meister Eckharts aus den Original= texten übersetzt und mit einer Einleitung und Anmerkungen herausgegeben von Dr. Karl Eugen Neumann, Leipzig 1891“: und die Ein= leitung zu desselben Verfassers Buch „Buddhistische Anthologie. Texte aus dem Pâli-Kanon, zum ersten Mal übersetzt, Leyden 1892.“ Zu dieser Literatur gehört auch der Buddhistische Katechismus, angeblich von einem Subhadra Bhikshu verfaßt. Braunschweig 1888.

und in christlichen Kreisen schon vielfach ernstliche Sorgen und Befürchtungen rege gemacht hat. Diese Richtung sucht und findet ihre Stütze meistentheils an dem unleugbar genialen, den indischen Denkern congenialen und von ihnen beeinflußten Arthur Schopenhauer, dem populärsten Philosophen unserer Zeit[1]. Der Buddhismus — so hört man die Anhänger jener Richtung argumentiren — predigt eine mindestens eben so reine Moral wie das Christenthum, macht dabei aber keine Ansprüche an Wunderglauben und ist daher sehr wohl geeignet, die Religion des modernen aufgeklärten Menschen zu bilden. Was das Christenthum Großes und Gutes bietet, finden wir im Buddhismus ebenso; dieser aber ist dabei durchaus rationell[2]. In dem großen Zukunftskampfe wird daher das Christenthum von dem Buddhismus besiegt und verdrängt werden. So predigen jene Apostel[3]

----

[1] Schopenhauer wird von Th. Schultze, wie von K. E. Neumann gern angeführt und verherrlicht. Man vgl. z. B. Neumanns Vorrede zur Buddhist. Anthologie, S. XXII, wo er ihn den größten Philosophen nennt. Diese Vorrede ist datirt: Leyden, an Schopenhauers 104. Geburtstage.

[2] Vgl. Henry Alabasters Ausführung, Wheel of the law, S. 72, die Th. Schultze in der Einleitung zum Dhammapada S. XII und XIII mittheilt, und Neumanns Vorrede zur Buddh. Anthologie, S. XXI unten.

[3] Schon Schopenhauer, der Spiritus rector dieser Männer, hatte den Missionären, welche sich um das Bekanntwerden der brahmanischen und buddhistischen Schriften verdient gemacht, folgenden Vers gewidmet:

„Als Lehrer geht ihr hin,
Als Schüler kommt ihr wieder;
Von dem umschlei'rten Sinn
Fiel dort die Decke nieder."

Und dazu bemerkt er: „Wir dürfen daher hoffen, daß einst auch Europa von aller jüdischen Mythologie gereinigt sein wird. Das Jahrhundert ist vielleicht herangerückt, in welchem die aus Asien stammenden Völker Japhetischen Sprachstammes auch die heiligen Religionen der Heimath wieder erhalten werden, denn sie sind nach langer Verirrung für dieselben wieder reif geworden." (Paralipomena, Werke Bd. VI, S. 242. Von Schultze in der Einleitung zum Dhammapada S. VI offenbar

Bei dem Ernst und der hohen Wichtigkeit der Frage ist
es wohl der Mühe werth, Buddhismus und Christenthum einmal vergleichend neben einander zu stellen, ihren Werth zu prüfen
und zu sehen, was sie mit einander gemein haben und wodurch
sie sich von einander unterscheiden[1]. Mag dann ein Jeder wählen,

billigend angeführt). Th. Schultze sagt von Demjenigen, der sich nicht
davon abschrecken läßt, trotz entgegenstehender Schwierigkeiten sich im
altindischen Geistesleben zu orientiren: „Es wird ihm, wenn er bei seiner
Beschäftigung mit den Upanischad und den buddhistischen Sutta an das
im alten und neuen Testament „geoffenbarte Gotteswort" zurückdenkt, so
vorkommen, als sei er aus einem engen, dunklen, nebelerfüllten Thal
auf die Höhe des Gebirges hinaufgestiegen und wandere nun dort oben
weiter im Sonnenschein bei klarem Himmel und freier Fernsicht." (Das
rollende Rad S. 2; sehr charakteristisch ist auch die Stelle ebendaselbst
S. 109, mit der die „Bodenuntersuchungen für etwaige Neubauten auf
religiösem Gebiet" eingeleitet werden.) Neumann sagt in der Vorrede
zur Buddhist. Anthol. S. XII: „Das Licht der buddhistischen Lehre ist
endlich auch auf unserem Horizonte aufgegangen: und es wird Allen
leuchten, die das Antlitz der Wahrheit ertragen können." Ebendaselbst
S. XIV nennt er die buddhistischen Schriften „die kostbarsten Urkunden,
welche das Menschengeschlecht besitzt", und in der Einleitung seines Buches
„die innere Verwandtschaft buddhistischer und christlicher Lehren" äußert
er S. 6 und 7: „Die Gegner mögen sich nun gebärden, wie sie wollen:
mögen sie spotten, mögen sie vornehm thun, mögen sie sich auf was
immer berufen: ihr Angriff kehrt sich jetzt nur mehr gegen sie selbst,
nothgedrungen müssen sie allmählich weichen. Das ist das moralische
Recht des Stärkeren, welches durch keine Macht aufgehoben werden und
welches nicht, wie das physische, durch List besiegt werden kann. Gleich-
wie einst vom alten Bodhi-Baume ein kleiner Zweig nach Ceylon gebracht
und eingepflanzt wurde, dort aber wuchs und gedieh er und entwickelte
sich durch zwei Jahrtausende hindurch zum herrlichsten Baume der Erde,
der heute noch lebt und blüht: so ist das Samenkorn, welches uns Ceylon
geschenkt hat, auch bei uns auf fruchtbaren Boden gefallen, es keimt und
der Baum wird einst seine Schatten spendenden und Erholung gewähren-
den Zweige über Manchen ausbreiten, der heute im Sonnenbrand ver-
schmachtet."

[1] Neumann glaubt an eine innere Verwandtschaft der buddhistischen und christlichen Lehren, wie schon der Titel seines Buches andeutet.
Vgl. die Einleitung und S. 109 daselbst. Th. Schultze dagegen hebt
den „tiefen principiellen Unterschied" zwischen Buddhismus und Christenthum

was er vorzieht, in welchem Glauben er lieber leben und
sterben will.

Die Frage ist so groß, sie führt so weit, daß es un-
passend erscheinen dürfte, sie zum Gegenstande eines öffentlichen
Vortrages zu machen. Und ich gestehe gern, daß ich nur
schwer daran gegangen bin, diesen Vortrag zu halten. In dem
Rahmen eines solchen ist es ja doch nur möglich, in den allge-
meinsten Zügen zu charakterisiren; und wenn ich Zeit und
Muße genug dazu hätte, würde ich es daher vorziehen, ein Buch
über diesen Gegenstand zu schreiben. Indessen bin ich so vielfach
dazu gedrängt worden, mich öffentlich gerade über diese Frage zu
äußern, daß ich mich endlich doch dazu entschlossen habe, gestützt
auf die Ueberzeugung, daß auch eine in allgemeinen Zügen ge-
haltene Charakteristik eine Klärung der Frage wenigstens vor-
bereiten kann.

Wer im Schooße des Christenthums erwachsen, mit der
Religion Christi und ihrer Geschichte in den Grundzügen ver-
traut, den Buddhismus kennen lernt, wird in der Regel zunächst
erstaunt sein über die mannigfachen Züge von Aehnlichkeit mit
dem Christenthum, die ihm hier entgegen treten. Das ist nicht
ein gewöhnliches Heidenthum, wie uns solches von den Griechen
und Römern, von den alten Germanen oder sonst woher bekannt
ist; da spüren wir das Wehen eines ganz anderen Geistes, der
uns oft gar seltsam an das Christenthum gemahnt. Ich brauche,
um dies deutlich zu machen, nur ein Wort aus einer Predigt
des Buddha hier anzuführen, und Sie werden mich sogleich ver-
stehen. Von seiner Lehre redend sagt der große Religionsstifter:
„Wie das große Meer, ihr Jünger, nur von e i n e m Geschmack
durchdrungen ist, von dem Geschmack des S a l z e s, also ist auch, ihr
Jünger, diese Lehre und diese Ordnung nur von e i n e m Geschmack

ausdrücklich hervor und tadelt das Haschen nach den oberflächlichen Aehnlichkeiten beider Religionen (das rollende Rad S. 35.) Er stellt nur
den Buddhismus weit über das Christenthum, wie aus früheren Citaten
ersichtlich.

durchdrungen, von dem Geschmack der Erlösung."[1] — Erlösung, — in der That, darum dreht sich hier Alles, das ist A und O, Grundgedanke, Kern und Ziel des Buddhaglaubens, wie auch im Christenthum Alles sich um die Erlösung dreht; und wie Christus den Christen der Heiland, der Erlöser ist, so hat Buddha den Buddhisten zu Heil und Erlösung verholfen.

Wie seltsam muthet es uns an, wenn wir den Buddha in seiner ersten großen Predigt, im Gazellengehölz bei Benares, seine neue Lehre ein Mal über das andere begeistert ankündigen hören mit den Worten: „Thut eure Ohren auf, ihr Mönche, die Erlösung vom Tode ist gefunden!"[2] — und wenn uns dazu berichtet wird, daß Buddha in gewaltigem Kampfe den Mâra besiegt hat, den Fürsten des Todes, welcher zugleich Fürst der Finsterniß, des Bösen, der Höllenfürst ist. Gemahnt uns das nicht an das triumphirende Schriftwort: „Der Tod ist verschlungen in den Sieg! Tod, wo ist dein Stachel? Hölle, wo ist dein Sieg?" (1. Cor. 15, 55). — Nach dem Glauben der Christen hat Jesus Christus Hölle, Teufel und Tod überwunden; nach dem Glauben der Buddhisten sind Hölle, Teufel und Tod von Buddha besiegt!

Schon die gesammte Entstehungs= und Entwickelungs= geschichte des Buddhismus, seine Stellung zu Glaube und Lehre der indischen Vorzeit, wie die Tendenz, mit der er dann zu seinen großen Siegen vorschreitet, erinnert ganz merkwürdig an die Entstehungs= und Entwickelungsgeschichte des Christenthums, seine Stellung zu Glaube und Lehre der jüdischen Vorzeit und seinen weltbezwingenden Siegeslauf.

Dem Buddhismus geht in Indien die Zeit der Veden und der Brâhmanas voraus, eine Zeit starren Ceremonialdienstes, starren Festhaltens an den priesterlichen Satzungen, eine Zeit, in welcher das nach allen Regeln richtig ausgeführte Opfer als der Weisheit letzter Schluß gilt; ganz ähnlich, wie dem Auftreten

---

[1] Cullavagga IX, 1, 4; Oldenberg, Buddha S. 209.
[2] Vgl. Oldenberg, Buddha S. 128 ff.

Jesu Christi in dem Volke. aus dem er geboren wird, die Zeit des Gesetzes, des Ceremonialdienstes, der stricten, buchstaben= mäßigen Unterordnung unter die mosaischen Satzungen voraus= geht. Dort sind die Brahmanen, die Vedenkenner und Opferer, hier ebenso Priester und Leviten, Pharisäer und Schriftgelehrte die unbedingten geistigen Herrscher. Aus der Sehnsucht nach etwas Höherem und Besserem, aus tiefer Erlösungssehnsucht entspringt der Buddhismus, und auf die Zeit des Opfers und der Ceremonialgesetze folgt die Zeit, wo das Evangelium der Erlösung aller Orten gepredigt wird; ganz ähnlich wie mit Christo die Predigt des Evangeliums der Erlösung die Zeit des Gesetzes ablöst. Christus und seine Jünger stehen im bewußten Gegensatze zu der Vorperiode, aber doch auch immer anknüpfend an dieselbe, erfüllend, weiterführend, reformirend im höchsten Verstande des Wortes; ganz ähnlich, wie das auch bei Buddha und seinen Jüngern der Fall ist. Der Buddhismus erscheint wie das Christenthum als eine Reaction gegen das Voran= gegangene, eine Reformation in großartigem Stile.

Und ferner: das Brahmanenthum war streng national= indisch, ganz ebenso wie das mosaische Judenthum streng national= jüdisch ist. Der Buddhismus dagegen erscheint als eine mis= sionirende Weltreligion in großem Stile, wie das Christen= thum; er ist international, kosmopolitisch — wie das Christen= thum. Wie Christus seine Jünger aussendet und sagt: Gehet hin in alle Welt und lehret alle Völker! so sendet auch Buddha seine Jünger aus, aller Welt, allen Völkern das Heil, die Er= lösung zu verkünden, die nicht auf ein Volk beschränkt bleiben soll und darf. Und in gewaltiger, großartiger Weise wird sein Wort ausgeführt. Die Jünger stellen nach seinem Tode die Lehren und Aussprüche Buddhas zusammen, sie schildern sein Leben und Wirken, die großen Concilien der folgenden Jahr= hunderte, die sich den ersten christlichen Concilien sehr wohl ver= gleichen lassen, stellen die Lehre endgiltig fest und stellen den Kanon der heiligen Schriften zusammen. Und die Sendboten des buddhi= stischen Evangeliums gehen hin in alle Länder, zu allen Völkern

Asiens und lehren sie das gute Gesetz, die Lehre des Buddha, und heutzutage hängt etwa ein Drittel der Menschheit dieser Lehre an, wie etwa ein Drittel der Menschheit Christo und seiner Lehre anhängt.

Niemand, der sich nicht die Augen absichtlich verschließen will, kann das Großartige in dieser Entwickelung des Buddhismus verkennen, Niemand den gewaltigen Fortschritt leugnen, den diese Religion bedeutet, gegenüber allem dem, was nicht nur in Indien, sondern in den meisten Ländern der Welt ihr voraufgegangen.

Dieser Fortschritt aber liegt vor Allem auf moralischem Gebiet, und hier gerade ist es, wo sich der Buddhismus am merkwürdigsten mit dem Christenthum berührt.

Jesus Christus sagt in der Bergpredigt, in welcher er seine Lehre dem entgegensetzt, was „zu den Alten gesagt ist": „Ihr habt gehört, daß da gesagt ist: Auge um Auge, Zahn um Zahn. Ich aber sage euch, daß ihr nicht widerstreben sollt dem Uebel; sondern so dir Jemand einen Streich giebt auf deinen rechten Backen, dem biete den anderen auch dar." Und weiter: „Ihr habt gehört, daß gesagt ist: Du sollst deinen Nächsten lieben und deinen Feind hassen. Ich aber sage euch: Liebet eure Feinde, segnet, die euch fluchen, thut wohl denen, die euch hassen, bittet für die, so euch beleidigen und verfolgen." (Matth. 5, 38. 39. 43. 44.)

Wenn man die altindische Moral der Veden und Brâhmanas in Kurzem charakterisiren wollte, man könnte es nicht treffender thun als mit den Worten: „Auge um Auge, Zahn um Zahn!" und „Du sollst deinen Nächsten lieben und deinen Feind hassen". Das ist der durchweg hier herrschende Geist. Die alten vedischen Bücher, vor Allem die Yadschurveden und Brâhmanas geben Anweisung zu einer ganzen Reihe von Opfern, die keinen anderen Zweck haben, als den Feind und Nebenbuhler zu schädigen, ihm Wohlstand und Nahrung, Kraft und Stärke zu rauben, ja ihn völlig zu Grunde zu richten. Also nicht nur etwa mit den Waffen, mit Gewalt und List wird der Gegner bekämpft, sondern sogar mit dem heiligen Opfer[1].

Welch ein anderer Geist spricht dagegen aus der Predigt Buddhas, wie nahe verwandt erscheint er dem Geiste des Christenthums! Hier heißt es: Wenn dich Jemand gekränkt, geschlagen, beraubt oder sonst irgendwie geschädigt und feindselig behandelt hat, vergieb ihm, was er dir angethan, laß keinen Haß, keine Feindschaft in deinem Herzen wohnen! So heißt es schon zu Anfang des Dhammapada, jener Sammlung von Sprüchen, die nach der indischen Tradition von Buddha selbst gesprochen sind, und die ich unter dem Titel „Worte der Wahrheit" vor Kurzem in deutscher Uebersetzung herausgegeben habe:

„Er kränkte mich, er schlug mich doch! er hat besiegt mich und beraubt!"

Wer solcherlei Gedanken nährt, in dem erlischt die Feindschaft nicht.

„Er kränkte mich, er schlug mich doch! er hat besiegt mich und beraubt!"

Wer die Gedanken von sich weist, in dem erlischt die Feindschaft ganz.

Denn niemals kommt auf Erden hier Feindschaft durch Feindschaft ganz zur Ruh' —

Durch Nichtfeindschaft kommt sie zur Ruh' — dies ist das ewige Gesetz.

Und diesen Spruch soll der Allerherrlichstvollendete, der Löwe aus dem Geschlechte der Çâkya, durch die lehrreiche Geschichte vom König Leidelang und seinem Sohne Lebelang erläutert haben.

König Leidelang lehrt seinen Sohn mit jenem Spruche dem Feinde zu vergeben. Er selber wird von seinem Feinde Brahmadatta durch Verrath besiegt, sammt seiner Gemahlin gefangen, in Fesseln geschlagen und verurtheilt, draußen vor der Stadt in vier Stücke zerhauen zu werden. Als nun der Sohn seine beiden geliebten Eltern so jämmerlich in Banden durch die

---

[1] Vgl. mein Buch „Indiens Literatur und Cultur" S. 121--125.

Straßen der Stadt zum Richtplatz führen sieht, spricht der Vater sanftmüthigen Herzens zu ihm jenen Spruch, der ihm die Vergebung des Unrechts predigt. Und als dann in späteren Jahren das Schicksal es so fügt, daß jener feindliche König, ermüdet von der Jagd, mit dem Haupte im Schooße des Prinzen Lebelang entschlummert ist und in diesem die Versuchung erwacht, das Schwert zu ziehen und den Mörder seiner Eltern zu tödten, da erinnert er sich jenes Spruches, den der sterbende Vater ihn gelehrt. Dreimal überkommt ihn die Begier nach Rache, dreimal überwindet er sie, der Worte des Vaters eingedenk. Dem Erwachenden gesteht er den ganzen Hergang, und dieser, innigst gerührt, giebt ihm Alles, was sein Vater einst besessen, Heer, Troß, Land, Schatz und Vorräthe, und dazu seine eigene Tochter zur Gemahlin. Der große Gedanke der Vergebung auch des schwersten Unrechts hat sein starres, feindseliges Herz bezwungen.

Rührender noch ist die Geschichte vom Prinzen Kunâla, die zwar nicht von Buddha selbst erzählt wird, in welcher sich aber die buddhistische Stellung dem angethanen Unrecht, den Feinden und Widersachern gegenüber in eben so schöner wie charakteristischer Form ausgeprägt findet. Der Held derselben, Kunâla mit den schönen Augen, ist der Sohn des großen buddhistischen Königs Asoka, der um die Mitte des 3. Jahrh. vor Christo lebte und von dem die berühmten sog. Gesetzessäulen in verschiedenen Theilen Indiens stammen, mit Inschriften, in denen der König sich zur guten Lehre des Buddha bekennt — beiläufig die ältesten indischen Inschriften, die wir kennen. Prinz Kunâla lebt fern vom Geräusch des Hofes, sinnend über die Vergänglichkeit. Da geschieht es, daß eine der Gemahlinnen seines Vaters[1] von sündlicher Liebe zu dem schönen Jüngling erfaßt wird. Wie Potiphar sucht sie ihn zu verlocken, wie Joseph widersteht er. Da entbrennt sie in wildem Zorn; sie weiß es zu bewirken, daß er in eine entfernte Provinz gesandt wird, und bald erscheint dort ein von der Königin gefälschter, angeblich vom Könige ausgehender

---

[1] Ein indischer König hat deren ja mehrere oder kann sie doch haben.

Befehl, dem Prinzen seine beiden wunderbar schönen Augen aus=
zureißen. Das Furchtbare geschieht. Kunâla leidet geduldig ergeben die bittere Pein, während das Volk ihn weinend und
klagend umgiebt. Dem Geblendeten aber geht jetzt erst das Auge
des Geistes herrlich auf. Er erfährt, daß die Königin schuld
an dem Befehl gewesen, aber er spricht: „Möge sie noch lange
Glück, Leben und Macht genießen, die mir so großes Heil ge=
bracht hat." Als Bettler zieht er mit seiner Gattin in die
Hauptstadt vor den Palast des Königs, seines Vaters, und singt
ein Lied zur Laute. Der König vernimmt Kunâlas Stimme,
wunderbar bewegt, läßt er den blinden Bettler hereinrufen, und
nun kommt Alles an den Tag. Von furchtbarem Schmerz und
Zorn überwältigt, will der König sein schuldiges Weib unter
Martern hinrichten lassen. Aber Kunâla bittet für sie, er fällt
dem Vater zu Füßen und fleht ihn an, der Schuldigen zu ver=
geben: „O König" — ruft er — „ich fühle keinen Schmerz,
und trotz der Grausamkeit, die mir widerfahren ist, fühle ich
nicht das Feuer des Zornes. Mein Herz hat nur Wohlwollen
für meine Mutter, die befohlen hat, mir die Augen auszureißen.
So gewiß diese Worte Wahrheit sind, mögen meine Augen wieder
werden, wie sie waren!" Und siehe da, seine Augen glänzten
in ihrer alten Schönheit wie zuvor[1].

Für seine schändliche Peinigerin bittet und fleht hier der
indische Königssohn, wie Christus am Kreuz für seine Feinde
betet, als hätte er Christi Vorbild schon vor Augen — wahrlich,
wunderbar genug!

Dieser Punkt ist ein überaus wichtiger!

In der gesammten Moral des Christenthums giebt es
Nichts, das größer, erhabener, charakteristischer für dieselbe wäre,
als das Gebot: Liebet eure Feinde! Nichts war den Heiden,
zu denen das Christenthum drang, so neu, so überraschend wie
diese Forderung; Weniges spielt eine solche Rolle in dem dann
entbrennenden Kampf zwischen Heidenthum und Christenthum.

---

[1] Vgl. Oldenberg, Buddha S. 304.

Wie ein heller Stern leuchtet dies Gebot, das Christus mit seinem Blute besiegelt, dem Siegeslauf des Christenthums voran. — Und wie ähnlich erscheint die Lehre, die schon Jahrhunderte vor der Geburt des Herrn von Buddha und den Buddhisten gelehrt und geübt ward!

Selig sind die Sanftmüthigen —, selig sind die Barmherzigen —, selig sind, die reinen Herzens sind —, selig sind die Friedfertigen —, diese Worte Christi glauben wir wieder und wieder aus der Predigt Buddhas und seiner Jünger zu vernehmen; der Geist der Sanftmuth, der Friedfertigkeit, der Barmherzigkeit durchweht die Lehre des Çâkya-Sohnes. Allen Hader, allen Streit aufzugeben, wie oft tönt uns diese Mahnung dort entgegen!

„Wer mit seinem Bruder zürnet, der ist des Gerichts schuldig," spricht Christus in der Bergpredigt (Matth. 5, 22); und Buddha sagt in den Worten der Wahrheit (222—224):

Wer den in ihm erregten Zorn wie einen Wagen hemmt im Lauf,
Den nenne Wagenlenker ich. And're sind Zügelhalter nur.
Durch Nichtzürnen bezwing' den Zorn, durch Güte zwing'
den Bösen selbst,
Durch Spende zwing' den Geizigen, durch Wahrheit den, der
unwahr spricht.
Die Wahrheit sprich und zürne nicht, gieb dein Scherflein
dem Bittenden!
Mit diesen drei Bedingungen kommst in der Götter Nähe du.

„Durch Güte zwing' den Bösen selbst!" — Erinnert dies Wort Buddhas nicht wiederum ganz merkwürdig an das Wort des Apostels Paulus im Römerbrief (Cap. 12, 21): „Laß dich nicht das Böse überwinden, sondern überwinde das Böse mit Gutem!"

Das erste und oberste unter den fünf Geboten des Buddhismus ist: kein lebendes Wesen zu tödten; und dies Gebot erläutert Buddha selbst mit folgenden Worten: „Ein Mönch läßt davon ab, lebende Wesen zu tödten; er enthält sich der Tödtung lebender Wesen. Er legt den Stab nieder; er legt die Waffe nieder. Er ist mitleidig und barmherzig; freundlich trachtet er nach dem Wohle aller lebenden Wesen. Das ist ein Theil seiner Rechtschaffenheit." — Von dieser Erläuterung und Ausführung sagt schon Oldenberg, daß sie hinter der christlichen Auffassung jenes Gebotes, „das zu den Alten gesagt ist: Du sollst nicht tödten!" kaum zurückbleibt[1].

Christus sagt in der Bergpredigt Matth. 7, 1. 2:

„Richtet nicht, auf daß ihr nicht gerichtet werdet. Denn mit welcherlei Gericht ihr richtet, werdet ihr gerichtet werden; und mit welcherlei Maß ihr messet, wird euch gemessen werden." — Daran erinnern einigermaßen die Sprüche Buddhas, mit welchen das 10. Capitel des Dhammapada beginnt (129. 130):

Vor Strafe zittert Jedermann, und Jeder fürchtet auch den Tod; „Er ist wie ich!" so denke man und tödte nicht und richte nicht.

Vor Strafe zittert Jedermann, und Jedem ist das Leben lieb; „Er ist wie ich!" so denke man und tödte nicht und richte nicht.

Dazu muß ich allerdings sogleich bemerken, daß die Worte, welche ich hier durch „richte nicht" wiedergegeben habe, im Pali-Text genauer lauten: „hinrichten lassen, tödten lassen". Es deckt sich der indische Ausdruck also nicht ganz mit dem biblischen, der wesentliche Inhalt der citirten Verse aber ist jenem Ausspruch Christi doch recht nahe verwandt[2].

Wenn Christus im folgenden Verse (3) fortfährt: „Was siehest du den Splitter in deines Bruders Auge und wirst nicht gewahr des Balkens in deinem Auge?" — so erinnert daran ganz merkwürdig folgender Vers aus den Worten der Wahrheit (252):

Der And'ren Fehler sieht man leicht, den eig'nen aber sieht man schwer;
Der And'ren Fehler stellt man ja ganz gerne klar, so viel man kann,
Verbirgt die eig'nen aber wie der Schuft den falschen Würfel birgt.

---

[1] Oldenberg. Buddha S. 297.
[2] Das ganze Capitel ist „Strafe" betitelt und warnt wiederholt vor der Züchtigung. insbesondere harter Züchtigung Anderer.

Wir finden denselben Gedanken später noch auffälliger den Worten Christi ähnlich ausgesprochen in dem brahmanischen Mahâbhârata (I, 3069 = Mangoblüthen S. 180):

> Des Schlechten Aug' wird eines And'ren Fehl,
> Klein wie ein Senfkorn, nicht entgehen;
> Den eig'nen aber, ob er auch so groß
> Wie eine Bilvafrucht, kann er nicht sehen.

Dazu bemerke ich, daß der Buddhismus mit seiner großartigen Lehre in mächtiger Weise umgestaltend auf die moralischen Anschauungen des gesammten Indiens, auch auf die seiner brahmanischen Gegner eingewirkt zu haben scheint, ähnlich wie unsere Reformation auch die Katholiken gezwungen hat, Manches im Schooße ihrer Kirche zu erneuern und zu bessern. Der Einfluß Buddhas war auf moralischem Gebiet ein überwältigender, und so begegnen wir denn in den brahmanischen Büchern der späteren Zeit vielfach moralischen Anschauungen, welche durchaus zu den buddhistischen stimmen und mit denen der altbrahmanischen, vedischen Zeit nichts mehr gemein haben. So sagt das Mahâbhârata z. B. ganz ähnlich einem der vorhin angeführten Sprüche aus den Worten der Wahrheit (Mahâbhârata 3, 13253 = Mangoblüthen S. 151):

> Bezwing' den Geizigen durch reiche Spenden,
> Den Lügner durch der Wahrheit Lichtgestalt,
> Durch Nachsicht zwing' den rohen Uebelthäter,
> Den Bösen durch der Güte Allgewalt.

Und es lehrt die Vergebung des Unrechts, indem es sagt: „Man verzeihe es einem Schlechteren, einem Besseren und auch einem Gleichen, wenn man bei der Ehre angegriffen, geschlagen oder angeschrieen wird; so wird man zur höchsten Glückseligkeit gelangen." (Mahb. 12, 11009 cf. Mangoblüthen S. 152.)

Das Mahâbhârata lehrt ferner (2, 2439): „Gute gedenken nur der ihnen erwiesenen Wohlthaten, nicht aber der Feindseligkeiten", und (12, 12433): „Milde ist die höchste Tugend, Nachsicht die größte Macht." Das Gesetzbuch des Manu sagt (2, 161): „Man soll Niemand einen Schmerz

bereiten, selbst wenn man beleidigt worden wäre"; und das
Pantschatantra (1, 171): „Sinne niemals Böses gegen die=
jenigen, welche dir etwas zu Leide thun!" u. dgl. m.[1]

Derartiges ließe sich noch viel anführen. Wir sehen daraus,
wie die buddhistische Moral auch die brahmanische Welt läuternd
beeinflußt hat. — Diese ganze Moral der Vergebung des Un=
rechts, des Nichtzürnens, des allgemeinen Wohlwollens, der
Milde, Nachsicht, Schonung und Geduld ist unleugbar mit der
christlichen Moral verwandt. Ein sanfter, weiblicher Zug ist
ihr eigen, der uns an das „Ewigweibliche" gemahnt, von dem
der große Dichter sagt, daß es uns „hinanzieht", d. h. hinauf
zieht in die himmlischen Regionen. Selbstlosigkeit, ja die völlige
Hingabe des eigenen Lebens, des eigenen Selbst für das Wohl
Anderer — dieser echt weibliche Zug — er wird in Sprüchen,
Parabeln und Gleichnissen im Buddhismus wieder und immer
wieder gelehrt.

Mit dieser Richtung ist aber eng verbunden die entschiedene
Abkehr von der Welt und ihrer Lust.

„Habt nicht lieb die Welt, noch was in der Welt ist!"
so mahnt der Apostel Christi (1. Joh. 2, 15); denn „die Welt
vergehet mit ihrer Lust" (ebendaselbst B. 17). Aehnlich tönt
uns wieder und immer wieder aus der Predigt Buddhas die
Mahnung entgegen: nicht zu hängen an der Welt, Nichts, was
in der Welt ist, lieb zu haben, durch Nichts sein Herz fesseln
zu lassen; das ist die Bahn des Heils, der Erlösung! Nur
wer sich ganz frei gemacht hat von jeglicher Neigung, die ihn an

---

[1] Vgl. Indiens Literatur und Cultur S. 674. — In dem wahr-
scheinlich bedeutend jüngeren Hitopadescha (1, 55) finden wir folgenden
Spruch, der merkwürdig an Christi Wort in der Bergpredigt (Matth.
5, 45) erinnert: „Er läßt seine Sonne aufgehen über Gerechte und Un-
gerechte":

Die Guten lassen Mild' und Mitleid walten
Auch gegen den, der jeden Vorzugs baar:
Scheint doch der Mond auch auf des Paria Hütte
Mit seinem reinen Lichte hell und klar.
(Mangoblüthen S. 154.)

die Welt und ihre vergänglichen Freuden bindet, darf auf Erlösung hoffen. Die Ansicht Buddhas wird beispielsweise durch
folgende Verse des Dhammapada charakterisirt (47. 48):

Der Mann, der an der Weltlust hängt, gleicht einem Blumen
Sammelnden;
Es kommt der Tod und rafft ihn weg wie Wasserfluth ein
schlafend Dorf.
Der Mann, der an der Weltlust hängt, gleicht einem Blumen
Sammelnden;
Eh' seine Wünsche er gestillt, verfällt er schon des Todes
Macht.
Dagegen (170):
Wer auf die Welt hinunter sieht wie auf des Wassers Blasen-
schaum,
Wie auf ein Spiegelbild der Luft, den sieht der Fürst des
Todes nicht.

D. h. wer diese Stellung völliger Loslösung der Welt
gegenüber einnimmt, der triumphirt über den Tod.

Das führt uns zu einer weiteren wichtigen Eigenthüm-
lichkeit, die dem Christenthum wie dem Buddhismus in ähnlicher
Weise eigen ist. Man hat beide oftmals pessimistische Religionen
genannt. Sie sind es, in so fern sie beide die Welt verurtheilen,
von der Welt sich abwenden; aber sie sind es keineswegs, in so
fern das Ziel des Frommen, sein gegenwärtiges und zukünftiges
Glück und Heil, in Betracht kommt. Beide sind der Welt
gegenüber pessimistisch, dabei aber freudig über die
Welt triumphirend.

Von dem Christenthum ist uns dies bekannt genug. Ich
brauche wohl nur an das Wort des Herrn zu erinnern: „In
der Welt habt ihr Angst, aber seid getrost, ich habe die Welt
überwunden" (Joh. 16, 33). Und an das Wort des Apostels:
„Die Welt vergehet mit ihrer Lust, wer aber den Willen Gottes
thut, der bleibet in Ewigkeit" (1. Joh. 2, 17). Oder an Pauli
Schilderung der Christen: Als die Traurigen und doch allezeit
fröhlich 2c. — Auf Erden schon selig in dem Herrn, einstiger

höherer Seligkeit noch sich getröstend, blickt der echte Christ freudig und hoffnungsvoll in die Zukunft.

Aber man thut dem Buddhismus Unrecht, wenn man glaubt, daß ihm eine ähnliche Stimmung unbekannt ist. „Der rechte Buddhist" — sagt schon Oldenberg (Buddha S. 225 ff.) — „sieht freilich in dieser Welt eine Stätte beständigen Leidens, aber dieses Leiden weckt in ihm nur das Gefühl des M i t l e i d e n s mit denen, die noch in der Welt stehen; für sich selbst fühlt er nicht Trauer oder Mitleid, denn er weiß sich einem Ziele nah, das über Alles herrlich ihm entgegen blickt. Ist dies Ziel das Nichts? Vielleicht. — — Was es aber auch sein mag, der Buddhist ist fern davon, die Ordnung der Dinge, welche dem menschlichen Dasein gerade dieses und eben nur dieses Ziel ge-währt hat, als ein Unglück, als eine Unbill zu beklagen oder sich mit trüber Resignation in sie als in ein unabänderliches Verhängniß zu ergeben. Er strebt dem Nirvâna mit derselben Siegesfreudigkeit entgegen, mit welcher der Christ auf sein Ziel hinschaut, auf das ewige Leben." „Es ist nicht genug, zu sagen, daß das Ziel, zu welchem der Buddhist aus dem Leiden der Welt emporstrebt, das Nirvâna ist. Einer Schilderung des Buddhismus liegt es auch ob, die von aller Resignation himmel-weit entfernte innere Freudigkeit, mit der er diesem Ziele nach-trachtet, als eine über allen Zweifel sicher bezeugte Thatsache zu verzeichnen."

Darum sagt das Dhammapada (18):

> Selig schon hier und selig nach dem Tode
> Der Reine, — selig ist er beider Orten;
> „Ich habe recht gethan!" so denkt er selig
> Und wird noch sel'ger einst am Ort des Heiles.

Und ferner (94):

> Ihn, dessen Sinnen ganz zur Ruh' gekommen,
> Wie Rosse, die der Lenker gut gebändigt,
> Wer Leidenschaft und Hochmuth aufgegeben,
> Die Götter selbst beneiden einen Solchen.

Den entwickelten Vergleichungspunkten sachlicher, inhaltlicher Art ließe sich noch ein weiterer Punkt anfügen, der die Form betrifft, den ich aber nur ganz kurz noch streifen kann. Buddha prägt — wie Christus — seine Lehre nicht nur in kurzen Sätzen und Sentenzen aus; er bedient sich zur Erläuterung derselben mit besonderer Vorliebe der Gleichnisse oder parabelartiger Erzählungen, gerade wie uns dies von Christus Allen so wohl bekannt ist.

Noch wichtiger und weittragender wäre die Erörterung eines anderen Punktes, den ich aus Mangel an Zeit ebenfalls nur im Vorübergehen berühren kann: das sind die schon oftmals bemerkten auffallenden Aehnlichkeiten zwischen der Buddha-Legende und der Geschichte Christi, die in neuerer Zeit insbesondere von dem leipziger Professor der Philosophie Rudolf Seydel mehrfach untersucht und zum Aufbau einer besonderen Theorie verwendet sind[1].

Es läßt sich nicht leugnen, daß da eine Reihe höchst merkwürdiger Uebereinstimmungen vorliegt. So gleich die wunderbare Geburt. Buddha weilt vor seiner Geburt als eine Art göttliches Wesen im Himmel und steigt aus freiem Entschluß zur Erde hinab in den Schooß der Königin Maya zu Kapilavastu, um von ihr zum Heile der Welt sich gebären zu lassen. Himmlische Schaaren verkünden in Gesängen den Erlöserberuf des Kindes. Vom Himalaya herab kommt der alte, dem Tode nahe Brahmane Asita, sieht das Kind und verkündet in begeisterten Worten: dies werde einst der Buddha, der Erlöser der Welt, werden, an den alten Simeon unserer Evangelien erinnernd. Als Knabe kommt Buddha in den Tempel und die Götterbilder verlassen ihre Plätze, um ihm demüthig zu huldigen. Als voll erwachsener Mann, gegen 30 Jahre alt, zieht er in die Einsamkeit, um den Weg des Heils zu finden. Hier wird er von Mâra, dem Fürsten des Todes und des Bösen, drei Mal versucht; aber er

---

[1] Man vgl. Rudolf Seydel, Das Evangelium von Jesu in seinen Verhältnissen zu Buddhasage und Buddhalehre, Leipzig 1882. — Von demselben: Die Buddhalegende und das Leben Jesu nach den Evangelien, Leipzig 1884, und: Buddha und Christus, Breslau 1884.

widersteht, überwindet siegreich den Bösen und erlangt, unter einem Feigenbaum sitzend, die höchste Erkenntniß. Zwei Brüder sind die ersten Anhänger, die er noch unter dem Feigenbaum sitzend gewinnt; die Brüder erinnern an die ersten Jünger Christi, Andreas und Simon Petrus, der Feigenbaum an den Feigen= baum, unter welchem Christus den gleich darauf gewonnenen Nathanael zuerst erblickt hat. Buddha beginnt seine Predigt mit einer Reihe von Seligpreisungen, die man den Seligpreisungen der Bergpredigt vergleicht. Die Zahl der Hauptjünger kommt auf zwölf[1]; unter ihnen erinnert Ananda an den Johannes unter den Jüngern Christi. Einer seiner Anhänger ist Deva= datta, ein Vetter des Buddha, der im Verlauf der Zeit eine Art Judasrolle spielt, indem er — von Kind an neidisch auf den Buddha — diesem späterhin sogar nach dem Leben trachtet; doch ohne Erfolg; er findet ein klägliches Ende. Ob= gleich aus königlichem Geschlecht zieht Buddha doch in selbst= gewählter Armuth lehrend und predigend im Lande umher, begleitet von seinen Jüngern, gewaltige Wunder mit seiner Rede ver= richtend. Die Sünderin Ambapali, die ihn zum Mahle ladt und auf niedrigem Sessel sitzend zu seinen Füßen den Worten des Meisters lauscht, erinnert an die Sünderin unserer Evangelien, während die Geschichte, wie Ananda am Brunnen ein Paria= mädchen um einen Trunk bittet, merkwürdig an die Geschichte von Christus und der Samariterin am Brunnen gemahnt. Seine Jünger aber sendet der Meister hinaus in alle Welt, um die Lehre vom Heil, die Erlösung, zu verkündigen. Dazu kommen dann noch die Uebereinstimmungen in der Lehre und Lehrweise, ja in bestimmten Worten, Wendungen, Redensarten und dgl. Da nun die Geschichte von Buddhas Leben ebenso wie

---

[1] Vgl. Seydel, Buddha und Christus S. 11: „Unsere älteste Quelle zählt der geworbenen Jünger erst bis zehn, dann springt sie durch eine Massenwerbung auf sechzig (ähnlich in den christlichen Evan- gelien erst zwölf, dann siebzig); von da unterläßt sie das Zählen; später aber, bei einer namentlichen Aufzählung der Hauptjünger, kommt sie auf zwölf.“

seine Lehre jedenfalls schon mehrere Jahrhunderte vor Christi
Geburt (spätestens seit dem dritten großen Concil zur Zeit des
Königs Asoka, ca. um 250 vor Christi Geburt) kanonisch fixirt
war, glaubt Professor Seydel aus den angeführten Ueberein=
stimmungen, denen noch einige andere weniger bedeutsame sich
anfügen ließen, den Schluß ziehen zu dürfen, daß die christlichen
Evangelien direct durch jene buddhistischen Erzählungen beein=
flußt worden sind.    In die Geschichte von Christo, wie sie die
Evangelien berichten, wäre nach Seydel eine ganze Menge buddhi=
stischer Elemente eingedrungen, ja fast das gesammte Christen=
thum erscheint darnach geradezu als ein geläuterter, veredelter
Buddhismus.

Diese Frage würde es wohl werth sein, in einem besonderen
Vortrage behandelt zu werden; ich kann sie hier aber, wie schon
erwähnt, nur im Vorübergehen berühren. Nur so viel sei ge=
sagt, daß ich die gesammte Theorie Seydels für von Grund
aus verfehlt halte. Auch wenn man nicht auf dem Standpunkt
eines gläubigen Christen steht, wird man erkennen können, daß
dieselbe zu ganz unmöglichen Consequenzen führt. Christus ist
nicht nur nach dem Glauben der Christen Gottes Sohn, son=
dern er ist auch in eminentem Sinne eine historische Persönlich=
keit, und manche seiner Jünger sind dies gleichfalls. Ja, man
darf sagen: Christus ist die größte historische Persönlichkeit, die
wir überhaupt kennen, denn von ihm sind so gewaltige, die
ganze Menschheitsgeschichte umgestaltende, umwälzende Wirkungen
ausgegangen, wie von keinem anderen Menschen. Wie ist es
nur denkbar, daß solche Wirkungen hätten eintreten können, wenn
ein sehr großer Theil dessen, was die Evangelien von Leben und
Lehre des Herrn berichten, gar nicht wirklich sich damals in
Palästina begeben hätte, sondern — wie Seydel meint[1] — durch
das Medium einer Art Kunstpoesie nachträglich aus buddhisti=
schen Quellen in die Evangelien eingedrungen wäre! wenn nicht
nur die wunderbare Geburt Christi und seine Abstammung aus

---

[1] Vgl. Seydel, Buddha und Christus S. 19.

dem Königsgeschlecht, die doch schon das Alte Testament weis-
sagt, nicht nur der weissagende alte Simeon und hervorragende
Punkte in der Kindheitsgeschichte Jesu, sondern ebenso weiter
die Versuchungsgeschichte, die ersten mächtigen Lehrworte des
Herrn, eine Reihe der wichtigsten Details aus der Jünger-
gemeinde, wenn nicht nur die Zahl der Jünger, sondern ebenso
die Gewinnung der beiden Brüder Andreas und Simon Petrus,
der Johannes, der Judas, die Sünderin, das samaritanische
Weib 2c. 2c., wenn — sage ich — dies und vieles Andere
nichts wäre als eine spätere poetische Einkleidung, wenn dies
Alles, wie Seydel in Anlehnung an ein Wort Schleiermachers
sich ausdrückt, nur zu den „Umhüllungen" gehören sollte, welche
die Religion „sich lächelnd gefallen läßt"[1]. Nach meiner Ueberzeugung ist man mit einer solchen Annahme hart an der Grenze
des Wahnwitzes angekommen. Von irgend welchem wissenschaft-
lichen Beweise der Seydelschen Theorie kann jedenfalls nicht die
Rede sein.

Wenn man nun aber die Frage aufwirft, wie denn jene
zahlreichen merkwürdigen und geradezu verwirrenden, fast wunderbaren Uebereinstimmungen sich erklären lassen, so ist vor allen
Dingen darauf hinzuweisen, was schon von vielen Kritikern
Seydels hervorgehoben worden ist: wie oft unter einigermaßen
analogen Verhältnissen bei verschiedenen Völkern, die nachweislich
durchaus keine Berührung mit einander gehabt haben, sich Dinge
entwickeln, die in überraschendster Weise bis ins Detail sich
ähnlich sehen; Sitten und Bräuche, Sagen, Mythen, religiöse
Anschauungen und vieles Andere. Man schlage nur das Buch
des bekannten Geographen R. Andrée über „Ethnographische
Parallelen" auf, und man wird eine Fülle solcher oft geradezu
ans Wunderbare grenzender Thatsachen finden. Es sei mir hier
gestattet, nur ein Beispiel aus meinem speciellen Forschungs-
gebiete anzuführen. Vielleicht als der größte dramatische Dichter
der Inder darf Çûdraka gelten, der Verfasser des Dramas

---

[1] Vgl. Seydel, Buddha und Christus S. 6.

„Das irdene Wägelchen", der etwa im 5. Jahrh. nach Christo
lebte. Sein Drama bietet die auffälligsten Uebereinstimmungen
mit den Lustspielen Shakespeares dar: die ganze Diction, die
Art der Witze und Wortspiele, der komischen Verdrehungen u.
dgl. ist der Shakespeareschen ganz überraschend ähnlich, mindestens
eben so ähnlich wie die Worte, Reden und Gleichnisse Buddhas
denen Christi ähnlich sind. Manche Charaktere scheinen geradezu
Shakespeareschen Gestalten zum Vorbilde gedient zu haben oder
ihnen nachgeahmt zu sein, wie z. B. der Samsthânaka, der
Königsschwager, dem Shakespeareschen Cloten in Cymbeline.
Man ist unmittelbar versucht, einen historischen Zusammenhang
zwischen Çûdraka und Shakespeare zu vermuthen, und doch ist
eine solche Annahme ohne allen Zweifel völlig ausgeschlossen.
Çûdraka lebte ca. 1000 Jahre vor Shakespeare, kann also diesen
nicht nachgeahmt haben; aber auch Shakespeare hat ganz gewiß
den indischen Dichter nicht gekannt, dieser ist vielmehr erst in
neuerer Zeit überhaupt in Europa bekannt geworden[1]. Die
fast wunderbaren Uebereinstimmungen liegen vor, aber ein histo=
rischer Zusammenhang, eine Beeinflussung von dieser oder jener
Seite ist nachweislich nicht vorhanden. Das ist sehr lehrreich.
Solche und ähnliche Beispiele sollen uns warnen, auf ähnliche
Uebereinstimmungen allzu viel zu bauen, — und das noch gar
in einem Falle, wo es sich geradezu um eine Erschütterung der
Grundlagen des Christenthums handelt.

Von eminenter Bedeutung für die Entscheidung dieser Frage
wird aber auch die Antwort auf jene andere Frage sein: ob denn
wirklich das Wesen des Buddhismus demjenigen des Christen-

---

[1] Man könnte auch Buddhas Bezeichnung als „Löwe aus dem Ge=
schlechte der Çâkya" geneigt sein zusammenzubringen mit der auf Christus
gehenden Weissagung: „Juda, du bist ein junger Löwe! Aus dir soll
mir kommen ꝛc." — wenn nur nicht leider diese Weissagung in einem
Buche des alten Testamentes stünde, das vor Beeinflussung durch den
Buddhismus gesichert erscheint. Es ließe sich sonst eben so schön ein Zu=
sammenhang herstellen, wie zwischen dem Feigenbaum, unter dem Buddha
die Erkenntniß gewinnt und die ersten beiden Jünger wirbt, — und dem
Feigenbaume, unter dem Christus den Nathanael zuerst erblickt.

thums so nahe steht. Ich habe Ihnen Manches in dieser Be-
ziehung angeführt, was Sie vielleicht überrascht, vielleicht gar
verwirrt hat. Ich will in der nächsten Vorlesung die Sache
von der anderen Seite beleuchten. Da wird sich ergeben, daß
jenen wirklichen oder scheinbaren Uebereinstimmungen so große,
so wesentliche Unterschiede und Abweichungen gegenüber stehen, daß
die Kluft zwischen Buddhismus und Christenthum als eine
geradezu unüberbrückbare erscheint.

## II.

Wir haben in unserer ersten Betrachtung die Frage zu be=
antworten gesucht, was Buddhismus und Christenthum
mit einander gemein haben und in wie fern also Diejenigen im
Rechte sind, welche von einer inneren Verwandtschaft der buddhistischen und christlichen Lehren reden[1]. Es ergaben sich uns dabei
eine ganze Reihe allerdings zum Theil höchst merkwürdiger und
auffälliger Uebereinstimmungen, die wohl geeignet schienen, jener
Anschauung das Wort zu reden. Um jedoch das Verhältniß,
in welchem jene beiden großen Religionen zu einander stehen, in
wirklich ausreichender Weise klar zu stellen, ist es nicht genügend,
bei dem stehen zu bleiben, was wir bis jetzt gefunden haben;

---

[1] Um Mißverständnissen vorzubeugen, bemerke ich hier, daß K. E.
Neumann die innere Verwandtschaft der buddhistischen und christlichen
Lehren hauptsächlich in einem ganz anderen Punkte sieht als ich, nämlich
in der Askese. Er gelangt zu diesem Resultat, indem er sich auf den
Mystiker und Asketiker Meister Eckhardt als maßgebende christliche Autorität
stützt und von der Ansicht ausgeht, daß „erst seine Schriften den wahren
Charakter der christlichen Lehre in vollkommener Reinheit zeigen".
(Innere Verw. p. 16.) Eine Widerlegung dieser Ansicht erscheint kaum
nöthig und ist jedenfalls hier nicht erforderlich. Uebrigens vgl. R. O.
Franke's Recension des Neumannschen Buches über „die innere Ver-
wandtschaft buddhistischer und christlicher Lehren" in den Gött. Gel.
Anz. 1891 Nr. 8.

vielmehr ist es dringend erforderlich zu untersuchen, ob jene Ueber=
einstimmungen wirklich thatsächliche oder nur scheinbare sind;
und, wenn das Erstere der Fall, ob nicht daneben tiefgreifende
Unterschiede bestehen, die die Bedeutung jener Uebereinstimmungen
zu einer doch mehr oder weniger nur nebensächlichen herabsetzen
dürften.

Besonders ins Auge fallend waren gewisse wichtige Ueber=
einstimmungen auf dem Gebiete der Moral. Diese ganz leugnen
zu wollen, wäre durchaus unverständig; aber die Moral des
Christenthums und die des Buddhismus deswegen einfach für
identisch zu erklären, wäre doch ebenso falsch. Es liegen schon
auf diesem Gebiete Unterschiede vor, die, wenn auch fein, doch
immerhin höchst wichtig und bedeutsam sind.

Wir sahen, daß insonderheit die Stellung des Buddhisten
den Feinden und Widersachern gegenüber merkwürdig an das
christliche Gebot der Feindesliebe erinnerte und in gewaltigem
Gegensatz stand zu dem, was „zu den Alten gesagt war". 
Aber es ist doch nicht Ein= und Dasselbe, es liegt ein bemerkens=
werther Unterschied vor.

„Liebet eure Feinde," sagt Christus, während Buddha
lehrt, der Feindschaft mit „Nichtfeindschaft" (averam) zu be=
gegnen; also Christus fordert Liebe, Buddha Nichtfeind=
schaft, — das Eine ist positiv in eminentem Sinne, das
Andere ist negativ — da liegt schon ein gewaltiger, tiefgreifender
Unterschied. Groß und edel ist auch der buddhistische Gedanke,
aber er fällt nicht zusammen mit dem Gebot Christi! Wohl
predigt der Buddhismus Güte und ein allgemeines Wohlwollen
gegen alle Wesen, auch diejenigen, welche uns Uebles thun, aber
doch geht ein kühler und nüchterner Zug durch dies ganze
Empfinden, wesentlich verschieden von der heißen, brennenden
Liebe, die Christus fordert und die der Apostel erläutert mit
den Worten: „So nun deinen Feind hungert, so speise ihn;
dürstet ihn, so tränke ihn. Wenn du das thust, so wirst du
feurige Kohlen auf sein Haupt sammeln." (Röm. 12, 20.)
Auf die Negation des Bösen ist der Buddhismus gerichtet, auf

die Position des Guten das Christenthum; das Letztere schließt das Erstere in sich und stellt somit die Synthese beider Standpunkte dar, während in der Negation des Bösen noch nicht unbedingt die Position des Guten, der starken, werkthätigen Liebe enthalten ist.

Das ist charakteristisch. Ich möchte sagen: ein kühler Hauch der Negation durchweht den ganzen Buddhismus und macht es ihm unmöglich, d i e Blüthen zu treiben, welche wir als die herrlichsten Blüthen des Christenthums kennen.

Selbst in der schönsten buddhistischen Legende, der von dem Königssohn Kunâla, die Ihnen aus unserer ersten Vorlesung wohl noch erinnerlich ist, tritt dies zu Tage. Als dem edlen Prinzen Kunâla die Augen ausgerissen werden, da fühlt er keinen Schmerz; in erhabenem, fast übermenschlichem Empfinden spricht er: „Das fleischliche Auge ist mir entrissen, aber ich habe dafür die vollkommenen, untadeligen Augen der Weisheit erworben. Möge sie noch lange Glück, Leben und Macht genießen, die mir so großes Heil gebracht hat." Und zum Vater spricht er: „O König, ich fühle keinen Schmerz, und trotz der Grausamkeit, die mir widerfahren ist, fühle ich nicht das Feuer des Zornes. Mein Herz hat nur Wohlwollen für meine Mutter, die befohlen hat, mir die Augen auszureißen."

Die Höhe, die Erhabenheit seiner philosophischen Erkenntniß erhebt ihn über allen Schmerz, in eine Region, wo es mit allem Schmerze aus ist, während wir in unseren Evangelien den Heiland, den Gottessohn selbst tiefen, bitteren Schmerz, den bittersten Schmerz durchleben und durchleiden sehen; und gerade darum steht der göttliche Schmerzensmann unserem Herzen, unserem Empfinden so unendlich viel näher als der in die Region der Negation des Schmerzes entrückte, philosophisch erleuchtete indische Königssohn. Gerade dadurch, daß er alles Leid, allen Schmerz auf sich nahm, durchlebte und durchlitt, gerade dadurch hat er uns die Erlösung gewonnen. Hätte er nicht Schmerz empfunden, er hätte uns nicht erlöst! Der Heiland, der in bitterem Schmerz und Todesnoth für seine Feinde betet und mit seiner Liebe die ganze Menschheit erfaßt, von heißem Schmerz und heißer

Liebe gleich gewaltig erfüllt, — er ist das Vorbild, das hell=
leuchtende Ideal des Christen, während das buddhistische Ideal
uns kühl erscheint und kühl berühren muß, gleichermaßen losgelöst
vom Schmerz wie auch von der Liebe. Dies Letztere ist sehr
wichtig. „Liebet eure Feinde,“ kann Buddha nicht sagen,
denn nach seiner Lehre sollen wir Nichts lieben, an Nichts
in der Welt unser Herz hängen, weder im Himmel noch auf
Erden. Nur so können wir nach ihm uns völlig befreien vom
Schmerz, und eben diese Befreiung gilt ja ihm als das höchste
Ziel. Ein ganzes Capitel der „Worte der Wahrheit“ handelt
davon, daß uns nichts lieb sein soll:

210. Man suche nicht, was lieb ist, auf, noch jemals das, was
unlieb ist;
Das Liebe nicht zu schau'n bringt Schmerz, und ebenso
Unliebes schau'n.
211. Darum laß gar nichts lieb dir sein! Verlust des Lieben ist
ja schlimm!
Für Solche giebt es Fesseln nicht, denen nichts lieb, noch
unlieb ist.
212. Aus dem, was lieb, entspringt das Leid, aus dem, was
lieb, entspringt die Furcht;
Wer sich von Liebem ganz gelöst, kennt keinen Kummer,
keine Furcht.
215. Aus der Liebe entspringt das Leid, aus der Liebe entspringt
die Furcht;
Wer sich von Liebe frei gemacht, der kennt kein Leid und
keine Furcht.

Also nicht nur vom Haß, sondern ebenso auch von der
Liebe soll der Buddhist sein Herz ganz frei machen. Auch die
Liebe ist eine Fessel, die ihn an die Welt, an das Dasein und
damit an den Schmerz fesselt; also weg damit, um die Be=
freiung von allem Schmerz zu erreichen!

Schon aus dem Gesagten wird es ersichtlich sein, daß
ein weiterer Punkt, in welchem uns bei unserer ersten Betrach=
tung Buddhismus und Christenthum übereinzustimmen schienen,

doch keine wahrhafte Uebereinstimmung enthält. Das „Habt nicht lieb die Welt" klingt allerdings mit gewaltigem Klang durch beide Religionen, aber es bedeutet in beiden etwas wesentlich Anderes.

Im Buddhismus heißt es ganz radical: Du sollst an nichts dein Herz hängen, nichts lieben, was existirt, nichts, was irgend unter die Kategorien von Sein und Werden fällt, nichts im Himmel und auf der Erde; nur so wirst du völlig frei und erlöst. Bei solcher Lehre, solchem Bestreben kann nothwendigerweise das oftmals empfohlene allgemeine Wohlwollen kaum viel mehr sein als ein Nichthassen, gegen Nichts und Niemand feindlich gesinnt sein. Wie sehr davon verschieden ist die Lehre Dessen, der das Gesetz und die Propheten zusammenfaßt in dem Gebot: „Du sollst Gott deinen Herrn lieben von ganzem Herzen, von ganzer Seele, von allen Kräften und von ganzem Gemüthe und deinen Nächsten als dich selbst"[1]; die Lehre, deren Apostel das Hohelied von der Liebe gesungen (1. Cor. 13) und in der es heißt: Gott ist die Liebe! — In solcher Lehre muß das „Habt nicht lieb die Welt" etwas ganz Anderes bedeuten, wie im Buddhismus; und so ist es in der That! Die Welt ist nach der christlichen Lehre nicht an sich schlecht und böse — hat doch Gott selbst die Welt geschaffen und heißt es doch, daß er diese Schöpfung ansah und siehe, sie war sehr gut. Die Welt ist nur schlecht und böse, insofern sie gottentfremdet und also sündig ist. Weil nun und insoweit als thatsächlich die Welt sich in solchem Zustande der Gottentfremdung befindet, darum und insoweit soll der Christ sich von ihr abwenden, sie nicht lieb haben. Aber er soll nicht nur Gott lieben, den Schöpfer der Welt, sondern auch die Welt selbst, insofern sie nicht mehr gottentfremdet ist und insoweit als sie noch zu Gott zurück gezogen und geführt werden kann, — und das ist sehr weit, denn Gottes Gnade ist ja bereit, alle Sünde und Schuld zu tilgen und zu versühnen. Der Buddhist soll sich von der

---

[1] Luc. 10, 27. Desgl. Matth. 22, 37 f. Marc. 12, 30 u. 31.

Welt schlechthin abwenden, sie nicht lieben, sein Empfinden völlig
von ihr loslösen; beim Christen ist das keineswegs in so radicalem
Verstande der Fall. Er darf nicht nur, er soll sogar die Welt
lieben, selbstverständlich mit der eben entwickelten Beschränkung.
Heißt es doch sogar in der Schrift, daß Gott selbst die Welt
geliebt hat. In den Augen eines Buddhisten wäre dies Ver=
halten Gottes nur eine Schwäche, die Tadel verdient. Und doch
ist dies gerade eines der größten und herrlichsten Worte Christi:
„Also hat Gott die Welt geliebt, daß er seinen ein-
geborenen Sohn gab, auf daß Alle, die an ihn glauben, nicht
verloren werden, sondern das ewige Leben haben." (Joh. 3, 16.)
So ist die rechte Liebe zur Welt gewissermaßen durch
Gott selbst geheiligt.

Von alledem weiß natürlich der Buddhismus nichts und
kann er auch nichts wissen.

Den Kern und Mittelpunkt der buddhistischen Lehre bilden
die sog. vier heiligen Wahrheiten: vom Leiden, von der
Entstehung des Leidens, von der Aufhebung des
Leidens und vom Wege zur Aufhebung des Leidens.

Buddha selbst erläutert die heilige Wahrheit vom Leiden
folgendermaßen: Geburt ist Leiden, Alter ist Leiden, Krankheit
ist Leiden, Tod ist Leiden, mit Unliebem vereint sein ist Leiden,
von Liebem getrennt sein ist Leiden, nicht erlangen, was man
begehrt, ist Leiden, kurz, das fünffache Haften am Irdischen ist
Leiden[1]. Die Entstehung des Leidens aber liegt in dem
Durst (nach Sein), der von Wiedergeburt zu Wiedergeburt
führt, sammt Lust und Begier, der hier und dort seine Lust
findet. Die Aufhebung des Leidens liegt in der Aufhebung
dieses Durstes durch gänzliche Vernichtung des Begehrens, ihn
fahren lassen, sich seiner entäußern, sich von ihm lösen, ihm keine

---

[1] D. i. „das Haften an der Körperlichkeit, an den Empfindungen,
Vorstellungen, Gestaltungen und an dem Bewußtsein". Oldenberg,
Buddha S. 215. Neumann übersetzt den Schluß der obigen Erläuterung:
— kurz, die fünf Elemente des Haftens an der Existenz sind Leiden
(vgl. Vorr. zur Buddh. Anthol. S. XXI).

Stätte gewähren. Und der Weg zur Aufhebung des Leidens? „Es ist dieser heilige achttheilige Pfad, der da heißt: rechtes Glauben, rechtes Entschließen, rechtes Wort, rechte That, rechtes Leben, rechtes Streben, rechtes Gedenken, rechtes Sichversenken[1]."

Zusammenfassend sagt Buddha: „Nur Eines, ihr Jünger, verkündige ich, heute wie früher: das Leiden und des Leidens Vernichtung[2]."

„Wenn diese Welt von den Buddhisten gewogen und zu leicht befunden wird," so liegt der Grund allein darin, „daß sie Leiden und nichts als Leiden in sich birgt." — „Alles Leben ist Leiden; dies ist das unerschöpfliche Thema, welches immer wieder, bald in den strengen Formen der abstracten begrifflichen Erörterung, bald im Gewande poetischer Spruch= weisheit, aus dem Schriftthum der Buddhisten uns entgegenklingt[3]."

Das Leiden, welches mit allem Leben verbunden ist, erscheint also dem Buddhisten als das eigentliche Uebel der Welt, als dasjenige, von dem sich zu befreien für das höchste und letzte Ziel erachtet wird.

Wie ganz anders ist die Ansicht vom Leiden im Christen= thum! Hier gilt es keineswegs für das eigentliche Uebel der Welt; dies ist vielmehr die Sünde, das Böse, die Gottent= fremdung. Das Leiden ist sogar der Weg zum Heil, zur Erlösung! Nicht nur hat Gott selbst in seiner Menschwerdung als Jesus Christus aus freien Stücken alle Schuld und Sünde und damit auch das Leid der Welt auf sich genommen und gerade durch den bittersten Schmerz, sein unschuldiges Leiden und Sterben die Welt erlöst; sondern auch wir, die Christen, sollen leiden fort und fort, und es ist nicht übel, sondern g u t , daß wir leiden, das soll uns zu Heil und Segen dienen; durch Kreuz und Leid und Trübsal aller Art soll der Christ hindurch=

---

[1] S. Oldenberg, Buddha S. 215 f.
[2] Majjhima Nikâyo vol. I p. 140; Neumann, Buddh. Anth. Vorr. S. XVII.
[3] Oldenberg, a. a. O. S. 217.

bringen zum seligen Heil, ja er soll des Kreuzes und der Trübsal sich freuen und sich dessen rühmen, denn sie führen und ziehen ihn zu Gott und zu Christo. Vom Segen des Kreuzes, vom Segen des Leidens ist im Christenthum fort und fort die Rede. Das ist gänzlich unbuddhistisch, ja der entschiedenste Gegensatz zum Buddhismus, der das Leiden nur als ein Uebel, das Grundübel der Welt kennt.

Der Christ weiß, daß denen, die Gott lieben, alle Dinge zum Besten dienen müssen. Jesus Christus, die offenbarte göttliche Liebe, hilft ihm über das Leid hinweg und durch das Leid hindurch:

Alle Sorgen, alles Leid
Soll sein Name uns versüßen;
So wird alle Bitterkeit
Uns ein Segen werden müssen.

Der Buddhist setzt Alles daran, dem Leiden zu entfliehen; der Christ freut und rühmt sich des Leidens und sieht in ihm die Pforte zur ewigen Seligkeit, zum ewigen Leben. Hier haben wir wieder im Buddhismus nur die Negation des Leidens, im Christenthum das Hindurchdringen durch das Leiden zur höchsten und herrlichsten Position, dem höchsten und herrlichsten positiven Gut.

Das führt uns weiter.

Um von allen Leiden loszukommen, muß nach buddhistischer Lehre der Durst nach Sein oder — wie Schopenhauer sich ausdrückt — der Wille zum Leben völlig ausgerottet werden; denn alles Leben gilt für untrennbar verbunden mit Leiden. Des Christen höchste Sehnsucht ist ja aber gerade Leben, ewiges, seliges Leben, in Gemeinschaft mit Gott und Christo! Er freut sich dessen, daß sein Erlöser lebt, Er, der von sich sagen konnte: Ich bin der Weg, die Wahrheit und das Leben! Und freudig singt er:

Christus, der ist mein Leben,
Sterben ist mein Gewinn.

Weit entfernt darum, das Leben zu fliehen, wie der

Buddhift, fucht der Chriſt vielmehr mit allen Kräften das Leben, jenes wahre und höchſte ewige Leben, von dem es heißt, daß dieſer Zeit Leiden nicht werth ſind der Herrlichkeit, die an uns ſoll geoffenbaret werden.

Immer wieder auf Seiten des Buddhismus die Negation, auf Seiten des Chriſtenthums die Poſition. Lieben, leiden und endlich leben — das ſoll und will der rechte Chriſt! Nichtlieben, Nichtleiden, Nichtleben — das iſt das Ideal des Buddhiſten! Wahrlich, da zeigt ſich eine tiefe und breite Kluft, die Buddhismus und Chriſtenthum trennt; eine Kluft, die unüberbrückbar ſcheint.

Mit der im Buddhismus geforderten gänzlichen Aufhebung des Durſtes nach Sein, des Willens zum Leben hängt ohne Zweifel eng und untrennbar zuſammen der mönchiſche Charak-ter, den dieſe Religion von Anfang an zeigt. Buddha ſelbſt iſt Mönch, alle ſeine Jünger ſind Mönche, ja als vollgiltige Glieder ſeiner Gemeinde gelten nur Mönche und Nonnen. „Die Grundforderung aber für den Mönch heißt nicht: du ſollſt in dieſer Welt leben und dieſe Welt geſtalten zu einer ſolchen, die des Lebens werth iſt — ſondern ſie heißt: du ſollſt dich von dieſer Welt löſen.“ (Oldenberg a. a. O. S. 294.)

Chriſtus hat keinen Mönchsorden geſtiftet, und wenn ſich auch im Verlaufe der Zeit das Mönchthum innerhalb des Chriſtenthums üppig entwickelte, es gehört doch nicht zum Weſen desſelben. Die erneuerte evangeliſche Kirche hat vielmehr das Mönchthum als dem Weſen des Chriſtenthums widerſprechend aufgehoben, die Reformation hat das Mönchthum überwunden.

Es könnte als ein Widerſpruch erſcheinen, daß der Buddhis-mus, der doch die Aufhebung des Lebens erſtrebt, den Tod als ein Uebel betrachtet, daß Buddha als Ueberwinder des Todes gefeiert wird, daß er ſeine Predigt beginnt mit den Worten: Thut eure Ohren auf, ihr Mönche, die Erlöſung vom Tode iſt gefunden. Daß dies möglich und ohne Wider-ſpruch möglich iſt, erklärt ſich aus einer höchſt eigenthümlichen Anſchauung, die uns durchaus fremdartig, den Indern aber,

Buddhisten wie Brahmanen, ganz in Fleisch und Blut über=
gegangen ist und geradezu als unumstößliche Wahrheit gilt: ich
meine den Glauben an die Seelenwanderung. Nach
diesem Glauben wandert die Seele durch unzählige Existenzen
und durchlebt dabei nicht nur Geburt, Krankheit und Alter,
sondern auch immer wieder und wieder den Tod. Von diesem
schrecklichen „Immer=wieder=sterben", dem „Wiedertode" wird die
Seele natürlich erlöst, wenn sie vom Kreislauf des Lebens sich
frei macht. Die Losmachung, die Erlösung vom Leben ist im
Buddhismus also zugleich die Erlösung vom Tode. Wenn
also auch Buddha und Christus beide Ueberwinder des Todes
heißen, so bedeutet dies doch — das läßt sich sofort erkennen —
in beiden Religionen etwas total Anderes. Buddhas Lehre erlöst
vom Tode, weil sie vom Leben erlöst; Christus dagegen hat
dem Tode die Macht, den Stachel genommen, weil er ihn uns
gemacht hat zu einem Durchgang, zu einer Pforte, durch die
wir nun gerade eindringen in ein ewiges seliges Leben. Der
Tod ist im Buddhismus der Sold des Lebens, im Christen=
thum aber ist er der Sünde Sold. Buddha erlöst vom
Leben, Christus von der Sünde!

Das letzte, höchste Ziel des Buddhisten ist das Nirvâna,
ein Wort, das in der indischen Sprache „das Verwehen, Er=
löschen" bedeutet, etwa wie ein Licht im Winde verweht. Um
diesen Begriff ist vor etwas mehr als 10 Jahren vielfach
gestritten worden. Die früher ziemlich allgemein verbreitete
Meinung war, das Nirvâna bedeute die totale Vernichtung der
Existenz, das Eingehen in das Nichts. Dagegen aber erhoben
verschiedene Gelehrte ihre Stimme, darunter namentlich Max
Müller, der zu zeigen suchte, daß das Nirvâna bei den
Buddhisten die höchste Vollendung, nicht aber die Aufhebung
des Daseins bedeute. Es ist zur Klärung dieser Frage noth=
wendig, die Ansichten späterer Buddhisten von der Lehre der
altbuddhistischen Kirche, die wir im Wesentlichen wohl als
Buddhas Lehre ansehen dürfen, scharf zu unterscheiden. Und
hier zeigt sich — wie Oldenberg überzeugend nachgewiesen hat

— die überraschende Thatsache, daß nach den besten Quellen in der altbuddhistischen Kirche es für unstatthaft, ja geradezu ketzerisch galt, über das Nirvâna irgend welche positive Ansicht auszusprechen. Buddha selbst hat die Antwort auf diese Frage zu geben direct verweigert. Als sein Jünger Mâlukya in ihn dringt, sich darüber, was das Nirvâna eigentlich sei, näher zu erklären, antwortet er mit einem geistvollen Gleichniß, dessen Sinn darauf hinausläuft, es sei thöricht, die Beantwortung von Fragen zu verlangen, deren Kenntniß zur Erlangung des Heiles nicht von Nöthen sei. Alles, was dazu erforderlich, habe er, der Buddha, in den vier heiligen Wahrheiten offenbart; daran solle man sich genügen lassen. Man durfte also in der altbuddhistischen Kirche weder behaupten, daß ein von Sünden freier Mönch, der das Nirvâna erlangt, nach dem Tode weiter existire, noch auch, daß er nach dem Tode nicht mehr weiter existire. Beides ist verboten; und als der Mönch Yamaka letztere Meinung ausspricht, wird er der Ketzerei schuldig. Altbuddhistisch orthodox ist nur der Verzicht auf die Beantwortung dieser Frage, und zwar darum, weil der Buddha es ausdrücklich für gut befunden, dies nicht zu „offenbaren".

Obschon sich dies nun thatsächlich so verhält, so scheint es mir persönlich doch kaum zweifelhaft, daß Buddha selbst unter dem Nirvâna nichts Anderes verstanden hat als die totale Aufhebung aller Existenz. Es ist dies die Consequenz der vier heiligen Wahrheiten. Wenn alles Leben Leiden ist, wenn darum der Durst nach Sein, der Wille zum Leben, die Ursache alles Uebels, wenn das Heil, die Erlösung einzig durch die völlige Zerstörung dieses Durstes, des Willens zum Leben, erreicht werden kann, was ist dann das Heil selbst, was kann das angestrebte Ziel anders sein als eben die völlige Aufhebung, die totale Vernichtung des Lebens, das nun einmal als untrennbar mit dem Leiden verbunden gedacht wird?[1] Buddha aber hat

---

dies „nicht offenbart", weil er Rücksicht nahm auf die Schwachheit der Menschennatur, die vor dem Gedanken totaler Vernichtung zurückschreckt und schaudert. Und so war es möglich, daß in späteren Jahrhunderten innerhalb der buddhistischen Kirche das Nirvâna gedacht und ausgemalt wurde als ein seliger Zustand, die Vollendung des Lebens, eine Art Paradies.

Auf jeden Fall ist die Erlösung im Buddhismus etwas durchaus Anderes wie im Christenthum. Im Buddhismus ist es die Erlösung vom Leiden, und da alles Dasein Leiden ist, die Erlösung vom Dasein überhaupt. Im Christenthum dagegen ist es die Erlösung vom Bösen, von der Sünde und Schuld, von der Gottentfremdung, und damit die Zurückführung zur Gemeinschaft mit Gott und zum Stande der Kindschaft bei Gott.

Die große Kluft, welche den Buddhismus vom Christenthum trennt, wird sich aber als noch tiefer und breiter erweisen, sobald wir weiter die Frage zu beantworten suchen: wodurch denn die Erlösung hier und dort gewonnen und bewahrt wird? — Da offenbart sich ein so großer, tiefgreifender Gegensatz, daß dem gegenüber sogar die schon entwickelten Unterschiede und Gegensätze zu verblassen scheinen. Der Buddhismus lehrt die Selbsterlösung des Menschen, das Christenthum dagegen geradezu die Unmöglichkeit der Selbsterlösung; im Buddhismus wird Alles durch eigenes Verdienst gewonnen und bewahrt, im Christenthum nur durch das Verdienst Christi. Buddha ist den Seinen nur ein Pfadfinder und Wegweiser zur Erlösung, es gilt den Buddhisten geradezu als eine böse Ketzerei, wenn Jemand glaubt, durch das Verdienst eines Anderen das Heil zu gewinnen. Christus dagegen ist den Seinen der Held, der die ganze Erlösung thatsächlich voll= bracht hat. Buddha weist in den „Worten der Wahrheit" seine Anhänger darauf hin, daß ein Jeder sich selbst helfen, sich selbst rein machen, sich selbst erlösen müsse:

formen (dhamma) abgeschnitten sind, da ist auch alles Fragen und Antworten abgeschnitten." Vgl. Schultze, das rollende Rad S. 45; und ebendaselbst S. 48, 50.

160. Das Selbst sein eig'ner Helfer ist; wo wär' ein and'rer
Helfer sonst?
Bezähmt man gut sich, dann erlangt man einen Helfer
selt'ner Art.

165. Wenn man das Böse selbst gethan, ist unrein man durch's
eig'ne Selbst;
Wenn man das Böse selbst nicht that, dann ist man
rein durch's eig'ne Selbst.
Reinheit, Unreinheit schafft man selbst, nicht macht
Einer den Andern rein[1].

Ganz anders denkt darüber die heilige Schrift der Christen.
Da heißt es: „Das Blut Jesu Christi macht uns rein
von aller Sünde. So wir sagen, wir haben keine Sünde,
so verführen wir uns selbst, und die Wahrheit ist nicht in uns.
So wir aber unsere Sünden bekennen, so ist er treu und
gerecht, daß er uns die Sünden vergiebt und reiniget uns
von aller Untugend." (1. Joh. 1, 7—9.)

Und der Apostel spricht von Christo als dem, „der uns
geliebet hat und gewaschen von den Sünden mit seinem Blut"[2].
(Off. Joh. 1, 5.)

Hier also wird geglaubt an Einen, der die Anderen, und zwar
alle Anderen, die Solches glauben und annehmen wollen, rein macht.

Der Buddhist kann sich nur selbst gerecht machen, er

---

[1] Eine interessante Stelle, die davon handelt, daß Jeder seine
eigene Leuchte, seine eigene Zuflucht sein soll, findet man im Mahâ-
parinibbâna-Sutta II, 31—35, Sacred books of the East Vol. XI,
S. 35—39, und in deutscher Uebersetzung bei Schultze, Das rollende
Rad, S. 96 f.; vgl. namentlich daselbst S. 97 Buddhas Worte: „Deshalb,
o Ananda, seid eure eigene Leuchte, seid eure eigene Zuflucht. Nehmt
nicht zu irgend etwas Aeußerem Zuflucht. Haltet fest an der Wahrheit als einer Leuchte, haltet fest an der Wahrheit als einer Zuflucht.
Sucht nicht nach einer Zuflucht bei irgend Jemand außer
euch selbst!" u. s. w.
[2] Schon Christus selbst sagt bekanntlich bei der Einsetzung des
heil. Abendmahles, daß sein Blut „vergossen wird für Viele, zur
Vergebung der Sünde". (Matth. 26, 28.)

kennt keinen anderen Weg zum Heil als den durch die eigene
Kraft, das eigene Vermögen, die eigene Erkenntniß, das eigene
Thun. Der Christ ist nur dann ein Christ, wenn er von der
absoluten Unzulänglichkeit dieses Weges bis auf den Grund
seines Herzens überzeugt ist, wenn er sein Heil einzig in Christo
bei Gott sucht, wenn er vollständig darauf verzichtet, durch sich
selbst gerecht zu werden, vielmehr spricht:

Christi Blut und Gerechtigkeit,
Das ist mein Schmuck und Ehrenkleid,
Damit will ich vor Gott besteh'n,
Wenn ich zum Himmel werd' eingeh'n.

Die tiefe Erkenntniß von der eigenen menschlichen Schwäche
und Mangelhaftigkeit, der eigenen Sündhaftigkeit, das zerschlagene
Herz, die göttliche Traurigkeit, mit einem Worte die Sünder=
stimmung, die dem Buddhisten durchaus fremd ist, sie ist bei
dem Christen die absolut nothwendige Vorbedingung zur Erlangung des Heils. Erst nach Erfüllung dieser Bedingung kann
sich ihm die Heilsquelle öffnen, von welcher der Buddhist wiederum
keine Ahnung hat: die Gnade, die göttliche Liebeshuld und
Barmherzigkeit, die alle Schuld und Sünde tilgt und auslöscht,
das ewige Erbarmen, das alles Denken übersteigt, das sich mit
offenen Liebesarmen hinab zum Sünder neigt. Und Christus
selbst ist die Offenbarung der erbarmenden Liebe Gottes.

„Aus Gnaden seid ihr selig geworden" — sagt der Apostel
— „und dasselbige nicht aus euch, Gottes Gabe ist es; nicht
aus den Werken, auf daß sich nicht Jemand rühme." (Eph.
2, 8. 9.) „Aus Gnaden soll ich selig werden," spricht der Christ:

Aus Gnaden! Hier gilt kein Verdienen!
Die eig'nen Werke fallen hin!

Und damit ist der schärfste Gegensatz zu allem Heidenthum
und speciell gerade auch zum Buddhismus ausgesprochen. Es
wäre viel zu sagen über die Bedeutung der Lehre von der Gnade
und der Heilsvollendung durch die Gnade im Christenthum; ich
muß aber noch einen anderen Punkt beleuchten.

Im Buddhismus gelangt man zur Erlösung durch eine

höhere Erkenntniß, eine tiefere Einsicht in das Wesen der Welt und die ganze Kette von Ursachen und Wirkungen, die Welt und Leben aufbauen und bedingen; durch Weisheit, die allein durch ein gut entwickeltes und richtig geleitetes Denk-organ gewonnen wird. Durch tiefes Denken, durch philosophische Vertiefung in den Weltzusammenhang hat Buddha selbst die Erleuchtung und die Erlösung gewonnen, das tiefe Denken wird darum auch fort und fort im Buddhismus gepriesen und anempfohlen als der rechte Weg zur rettenden Erkenntniß[1], zur Erlösung. Erkenntniß, Weisheit steht höher da, scheint wichtiger zu sein als selbst die ebenfalls dringend anempfohlene Rechtschaffenheit. Wie anders stellt sich dem gegenüber das Christenthum dar, nach dessen Lehre die Erlösung nicht durch irgend welche Weisheit, sondern allein durch kindlichen, ein-fältigen Glauben, d. i. kindliches Vertrauen, gewonnen werden kann. Der Heiland, der die Kinder lieb hatte und es aussprach: ihrer ist das Himmelreich! er that noch mehr, er wies auf die Kinder hin und sprach: So ihr nicht werdet wie diese, so werdet ihr nicht in das Himmelreich kommen (vgl. Matth. 18,3)[2]. Nicht die Weisen und Klugen, die philosophisch Geschulten, die Denker wollte Er um sich versammeln, sondern die kindlich-einfältigen, demüthigen Herzen, die der Gnade von oben harren.

Das ist die Kindesstimmung, die unsere Augen und Herzen emporrichtet zu Gott — der „kindliche Geist", durch welchen wir rufen: Abba, lieber Vater! (Röm. 8, 15.) Von solcher Kindes-stimmung, die recht eigentlich zum Wesen des rechten Christen gehört, weiß der Buddhist wiederum nichts!

Hier offenbart sich ein so großer Gegensatz zwischen Buddhis-

---

[1] Welch ein schwieriger und complicirter Denkproceß erforderlich ist, um zu der rettenden Erkenntniß zu gelangen, wird recht deutlich wer-den, wenn man in Oldenbergs Buddha S. 228 ff. die Ausführungen über die Sätze von der Entstehung und Aufhebung des Leidens, die Formel vom Causalnexus des Entstehens u. s. w. vergleicht.

[2] Vgl. Marc. 10, 15: „Wahrlich, ich sage euch: Wer das Reich Gottes nicht empfängt als ein Kindlein, der wird nicht hinein kommen." Luc. 18, 16.

mus und Christenthum, daß der Buddhist weit eher dem tief-
denkenden griechischen Philosophen nahe zu stehen scheint, als
dem Christen.

Und hier muß das ausgesprochen werden, was in manchem
der eben erörterten Punkte schon implicite drin lag, der große
Gegensatz, dessen Hervorhebung Sie vielleicht schon früher von
mir erwartet haben, den ich aber absichtlich bis zuletzt zurück-
gehalten habe: der Buddhismus hat im tiefsten Grunde keinen
Gott! er ist daher ursprünglich mehr Philosophie als Religion.
Denn was ist Religion anders als der Glaube an höhere,
außer und über der Sphäre des Menschen lebende göttliche,
geistige Wesen — seien sie nun in der Einzahl oder in der Mehr-
zahl gedacht — und das Gefühl der Abhängigkeit von diesen
Wesen. Allerdings hat Buddha die Existenz göttlicher und
dämonischer Wesen keineswegs geleugnet; aber diese göttlichen
Wesen gehören mit hinein in den leidenvollen Kreislauf des
Lebens, dessen Sprengung allein die Erlösung bringen kann. Sie
sind also durchaus untergeordneter Art und können dem Menschen
nur wenig oder nichts bedeuten; er fühlt sich nicht abhängig
von ihnen. Es sind blos ungetilgte, herübergenommene Reste
einer älteren Weltanschauung. Buddha ist angeblich im Verlaufe der Seelenwanderung selbst mehrfach Gott, ist Indra und
Brahma selbst gewesen, — aber in solcher Existenz war er doch
erst auf der Wanderung zum Heil, das er erst als Gâutama
Buddha findet und das mit dem Eingehen in das Nirvâna zur
Vollendung kommt. Buddha selbst und jeder Buddhist, der das
Nirvâna erreicht, erhebt sich damit aus eigener Kraft in ein
höheres X über die Götter hinaus, ohne daß die Götter ihn
bei Erlangung solchen Heiles fördern oder daran hindern können.
Kraft und Weisheit der Götter ist nichts gegenüber der Kraft
und Weisheit Buddhas und seiner Jünger. Bei solcher Anschauung sind die Götter thatsächlich nichts mehr als Dämonen
von untergeordneter Bedeutung. Der Mensch erhebt sich kraft
seiner eigenen Erkenntniß über die Götter und wird sein eigener
Heiland; er braucht keinen Gott.

Es ist kaum nöthig näher auszuführen, wie ganz anders das Christenthum steht, wo nicht nur ein großer Gott als Schöpfer und Regierer der Welt geglaubt und verehrt wird, sondern wo eben dieser selbe Gott in seiner Gnade den Menschen selber die Erlösung gewirkt hat und wo alles Sehnen und Hoffen des Menschen einzig darauf gerichtet ist, nach dem Tode in geistige Gemeinschaft mit Gott dem Schöpfer und dem Erlöser zu gelangen. Ich will nur noch die Consequenz des eben Gesagten hervorheben: daß nämlich der Buddhismus, der ursprüngliche, alte, reine Buddhismus auch keinen wirklichen Cultus, keinen Gottesdienst und kein Gebetsleben kennt.

„Buddha ist in das Nirvâna eingegangen; wollten seine Gläubigen zu ihm rufen, er könnte sie nicht hören. Darum ist der Buddhismus eine Religion ohne Gebet." (Oldenberg, a. a. O. S. 378.) Der Quasi = Cultus der altbuddhistischen Kirche besteht wesentlich in gewissen Beichtfeiern, wo die Mönche ihre Vergehungen einander beichten und gewisse Bußen auf sich nehmen, resp. sich gegenseitig absolviren. Später entwickelt sich dann ein Cultus der Reliquien Buddhas und gewisser heiliger Stätten; ebenso vertritt das Murmeln gewisser heiliger Sprüche späterhin gewissermaßen das Gebet. Wir sehen, wie auch hier die menschliche Natur hindrängt nach einer Art Gottesdienst, einer Art von Gebet. Aber die Hauptsache bleibt doch bestehen: die Buddhisten haben keinen Gott und keinen lebendigen Erlöser, zu dem sie beten könnten. Was aber damit Alles gesagt ist, welche Bedeutung das Gebet in unserem religiösen Leben hat, das brauche ich wohl kaum besonders zu erläutern.

Nur das eine Unterscheidende sei noch zum Schluß hervorgehoben: Im Christenthum hängt Alles von der Person Christi ab, der selbst die Erlösungsthat vollbracht hat und als lebendiger Erlöser in Gemeinschaft mit dem Vater weiter lebet und regieret in Ewigkeit; im Buddhismus liegt Alles nur an der rechten Lehre, die eventuell auch ein anderer Buddha lehren kann. Es hat nach dem Glauben der Buddhisten schon vor Buddha Gâutama mehrere welterlösende Buddhas gegeben, und man erwartet in der Zukunft den neuen Buddha Mâitreya. Die Stellung Buddhas im Buddhismus ist also eine wesentlich andere als die Christi im Christenthum.

Blicken wir zurück und fassen wir zusammen!

Man kann den Buddhismus bezeichnen als den großartig= sten Versuch der Menschheit, durch eigene Kraft sich selbst zu erlösen; das Christenthum aber ist die Religion der geoffenbarten Liebe Gottes, die uns in Gnaden Erlösung und ewiges seliges Leben schenkt.

Das christliche Lieben=, Leiden= und in Gemeinschaft mit Gott Leben=Wollen; die Sünderstimmung mit dem Blicke hinauf zu der Erlösung bringenden göttlichen Gnade; die Kindesstimmung mit dem Blick hinauf zu dem göttlichen Vater; die aller Selbstgerechtigkeit ferne, demüthige und ver= trauende Hingabe an Gott und den im Fleisch geoffenbarten Gottessohn — alles dies zusammen stellt eine. Weltanschauung dar, unendlich viel tiefer und höher als die des Buddhismus. Ganz zu verwerfen sind daher alle die Phantasien, welche im Buddhismus das Heil der Zukunft sehen; und ganz unnöthig und grundlos ist die Furcht vor dem Buddhismus, welche sich wohl hie und da in christlichen Gemüthern regt. Gerade ein gründliches Studium des Buddhismus wird diese Furcht vollständig zerstreuen, und eine wirklich wissenschaftliche Erforschung und Darstellung dieser Religion liegt daher durchaus im Interesse der christlichen Welt. Die modernen Apostel des Buddhismus sind sämmtlich Dilettanten auf diesem Gebiete; ein hervorragen= der Forscher und Kenner ist mir unter ihnen nicht begegnet.

Man hat die moderne indische Renaissance, die Wieder= belebung des indischen Alterthums in Europa und Amerika schon wiederholt in Parallele gestellt mit der antiken Renaissance, der vor Jahrhunderten begonnenen Wiederbelebung des griechisch= römischen Alterthums, unter dessen gewaltigem Einflusse wir noch heute stehen. Dies ist nicht unrichtig; thatsächlich spielen schon heute die buddhistischen und brahmanischen Gedanken eine hervorragende Rolle im geistigen Leben des Abendlandes. Um

nur Eines anzuführen: das System des großen modernen Philosophen Schopenhauer, der heute vielleicht mehr Anhänger zählt
als irgend ein anderer, ist genährt und durchtränkt von indischen
Ideen. Aber die antike Renaissance hat das Christenthum nicht
zerstören, ihm keinen erheblichen Schaden zufügen können, und
eben so wenig wird die indische Renaissance dies thun, dessen
dürfen wir gewiß sein.

Aber die antike Renaissance hat uns mit einer Fülle der
wichtigsten Culturelemente beschenkt; suchen wir ähnlichen Nutzen
auch aus der indischen Renaissance zu ziehen. Und in der That,
die indische Welt birgt eine Fülle origineller, zum Theil höchst
großartiger geistiger und moralischer Leistungen, deren Studium
hochinteressant und lehrreich unseren Blick nach den verschieden-
sten Richtungen hin erweitert. Der Buddhismus nimmt in
dieser Welt eine hervorragende Stellung ein. Seine Bedeutung
ausreichend zu würdigen und vor Ihnen zu entwickeln war mir
in diesen Vorträgen nicht wohl möglich, da er durch den Vergleich
mit dem Christenthum beständig in Schatten gestellt wurde.
Ganz anders gestaltet sich das Bild, wenn man den Buddhismus
ohne diese Parallele betrachtet, ganz für sich, innerhalb der
Culturwelt, in die er hineingehört; insbesondere wenn man sich
beständig vergegenwärtigt, daß diese Lehre ein halbes Jahrtausend
vor Christo in Indien verkündet wurde. Dann wird man vor
der Größe dieser Leistung Staunen und Bewunderung empfinden.

Und endlich, man wähne nicht, daß wir, weil wir Christen
sind, von den Buddhisten nichts lernen könnten. Im Gegentheil
tritt uns da Manches entgegen, was wohl geeignet ist, uns zu
beschämen und zu ernstlichem Nachdenken über uns selbst zu ver-
anlassen. Ich führe nur Eines an: die großartige edle Toleranz,
die den Buddhismus von seinem ersten Auftreten an bis auf
den heutigen Tag vor allen Religionen der Welt auszeichnet.
Siegreich hat sich die Lehre des Buddha über weite Strecken der
Erde verbreitet, ein Drittel der Menschheit hängt ihr an, —
aber nie und nirgends haben die Buddhisten Andersgläubige
bedrückt, verfolgt und mißhandelt — treu den milden Geboten

ihres Religionsstifters. Das läßt sich leider von den Christen nicht sagen. Wie viel Bedrückung, schreckliche Mißhandlung, blutige Verfolgung ist von Christen gegen Andersgläubige und von einer christlichen Confession gegen die andere im Laufe der Jahrhunderte ausgeübt worden! Man schaudert davor zurück. Und wenn auch heutzutage die Scheiterhaufen der Inquisition nicht mehr rauchen, von christlicher Intoleranz wäre doch immer noch viel, sehr viel zu berichten. Da können uns die Buddhisten zum beschämenden Vorbild dienen! Es mag wohl sein, daß dem Buddhismus bei seiner wesentlich negativen Tendenz die Toleranz leichter wird; dennoch ist sie etwas Großes und Bewunderungs= würdiges, und daß sie keineswegs in Gleichgiltigkeit ihren Grund hat, beweist der großartige Missionserfolg der buddhistischen Kirche.

Und weiter! Wir sahen, daß der Buddhismus im Gegen= satz zum Christenthum nur die Erlösung durch des Menschen eigene Kraft und Einsicht kennt. Man sollte denken, daß dem= nach unter den Buddhisten pharisäische Selbstgerechtigkeit recht üppig hätte in's Kraut schießen müssen. Das ist aber nach den Berichten kundiger Beobachter keineswegs der Fall; vielmehr scheint Selbstgerechtigkeit weit eher eine bei den Christen ver= breitete Untugend zu sein, so sehr sie auch eigentlich dem Geiste dieser Religion widerspricht; und wenn sie, namentlich bei evangeli= schen Christen, auch seltener als Werkgerechtigkeit erscheint, so macht sie sich um so häufiger als Glaubenshochmuth bemerkbar, und solcher ist mindestens ebenso abstoßend und widerwärtig. Christ= liche Intoleranz und christlicher Pharisäismus sind ganz wesentlich mit daran schuld, daß das Christenthum leider immer noch so viele Gegner unter den Besten und Edelsten zählt, die durch echte christliche Liebe und Demuth vielleicht zu gewinnen wären. Nicht das Christenthum ist daran schuld, sondern die Träger desselben, die Christen. Dem gegenüber soll uns das Verhalten der Buddhisten eine ernste Bußpredigt sein, die um so wichtiger erscheint, als die Stellen der Schrift, in denen Liebe und Demuth gefordert wird, für gar Viele doch zu Phrasen ge=

worden sind, die sie zu oft gehört haben, um sich ernstlich von ihnen bewegen zu lassen.

Summa Summarum: Freuen wir uns dessen, daß wir Christen sind, Erben der herrlichen Güter, die uns der Gottessohn errungen; aber suchen wir auch wahre, ganz demüthige, leidensfreudige, gegen Freund und Feind nur liebevolle Christen zu sein. Im Christenthum liegt die göttliche Kraft, die Welt zu überwinden; aber nur dann kann und wird es den Sieg gewinnen, wenn unter seinen Vertretern und Trägern, den Christen, der demüthige und liebereiche Geist Christi wirklich zur vollen, unumschränkten Herrschaft durchgedrungen ist.